También a Nosotros
Nos Gusta Amamantar
We Like To Nurse Too

Mary Young
Diseño por Zachary Parker

Las Series de La Salud del Mundo / World Health Series

HOHM PRESS
Chino Valley, Arizona

Para Lee y para todos los lactantes del mundo.
For Lee and for nursing babies everywhere.

Diseño del libro: portada e interior / Cover design, interior layout and design: Zac Parker, Kadak Graphics, Prescott, AZ.
Traducido al español por Jocelyn del Río.

Library of Congress Cataloging-in-Publication Data

Young, Mary.
[We like to nurse too. Spanish & English]
Tambian a nosotros nos gusta amamantar = we like to nurse too / Mary Young ; illustrations, Zachary Parker. -- Bilingual ed.
    p. cm. -- (Family health series)
ISBN 978-1-890772-99-4 (trade paper : alk. paper)
1. Marine mammals--Infancy--Juvenile literature. 2. Breastfeeding--Juvenile literature. I. Parker, Zac. II. Title. III. Title: We like to nurse too.
QL713.2.Y6818 2009
599.5'139--dc22
                        2009009157

HOHM PRESS
P.O. Box 4410, Chino Valley, AZ 86323
800-381-2700
www.hohmpress.com

Este libro fue impreso en China. / This book was printed in China.

Nos Gusta Amamantar y *Nos Gusta Amamantar También*, promueven la importancia de amamantar a los niños al mismo tiempo que llama la atención de nuestro parentesco con todos los mamíferos. En *Nos Gusta Amamantar También,* nos centramos en los mamíferos marinos que viven en los océanos de este hermoso planeta que compartimos como hogar. "Debemos de proteger lo que amamos", dijo Jacques Cousteau, el gran oceanógrafo. Hoy en día, la contaminación y los desechos vertidos en los océanos, el deshielo de los casquetes polares, y los cazadores amenazan el medio ambiente oceánico. Las decisiones tomadas cautelosamente por los seres humanos pueden salvar a nuestro planeta; creemos que al presentarles a los niños pequeños la crianza de los animales, esto puede fomentar y desarrollar el amor y la preocupación para proteger el planeta que queremos.

We Like to Nurse and *We Like to Nurse Too* promote the importance of infant breast-feeding while drawing attention to our kinship with all mammals. In *We Like to Nurse Too* we focus on sea mammals living in the oceans of this beautiful planet we share as home. "People protect what they love," said Jacques Cousteau, the great oceanographer. Today, the ocean environment is threatened by pollution and debris dumped into the oceans, melting polar ice caps, and by hunters. Careful decisions made by humans can save our planet; we believe that introducing young children to the nursing activity of animals can foster a love and concern that will grow to protect the planet we love.

A los bebés de los leones marinos
les gusta dar vueltas en la arena y
acurrucarse con su mamá
cuando amamantan.

Sea lion babies like to roll
in the sand and snuggle up
to mamma while they nurse.

Meet Ellen Ochoa.

She is an **astronaut**.

La mamá delfín se pone de ladito para que su cría amamante con facilidad. Los delfines son un tipo de ballena.

Mamma dolphin rolls on her side to make it easy for her baby to nurse. Dolphins are a kind of whale.

Las ballenas jorobadas echan un chisguete de rica leche cremosa en las bocas de sus ballenatos. ¿Sabías que las ballenas jorobadas cantan?

Humpback whale mothers squirt thick creamy milk into the mouths of their calves. Did you know that humpback whales sing?

Los cachorros de foca amamantan y juegan
con sus madres al ponerse el sol.

Seal pups nurse and play
with their mothers at sunset.

Los cachorritos de morsa amamantan boca arriba mientras flotan en el agua. Cuando juegan la madre los toma entre sus aletas y los levanta al aire.

Walrus calves nurse upside down while they float in the water. When they play, the mother holds the calf in her flipper fins and lifts it into the air!

Las focas, los leones marinos y las morsas son mamíferos marinos que se llaman pinnípedos. Usan sus aletas para nadar en las aguas claras del océano.

Seals, sea lions and walruses are sea mammals called pinnepeds (pin-a-peds). They use their flipper fins to swim in clear ocean water.

En un río que sale a la bahía la cría del puerco marino amamanta con su madre.

Porpoise pup nurses with
her mother in a harbor river.

El pequeño narval amamanta con su madre;
los dos acostados sobre el hielo,
frío y compacto.

Baby narwhal nurses with
his mother in cold icy water.

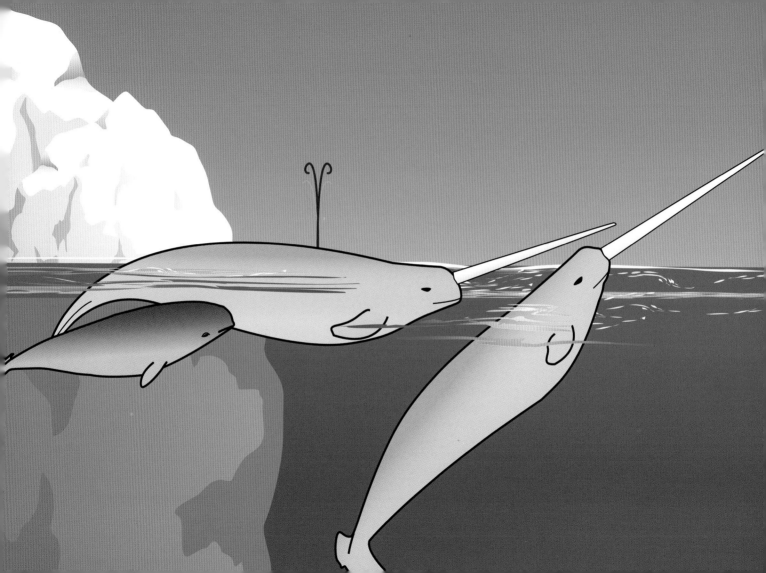

Los oseznos de la osa polar amamantan
dentro de la madriguera que ella les hizo
en el hielo y la nieve.

Polar bear cubs nurse in dens of ice
and snow made by their mothers.

Estas son vaquitas marinas. El pequeño y su madre se llaman uno al otro y amamantan bajo el agua.

Manatee calves and mothers call to each other and nurse under the water.

La mamá nutria abraza a su hijo
con cariño mientras amamanta.

Sea otter mamma hugs her pup
affectionately while they nurse.

En la playa, los cachorros ruidosos de los elefantes marinos reclaman a gritos su leche.

Noisy elephant seal pups shout for their milk on the sandy beach.

Un ballenato orca recién nacido es más grande que una persona adulta. Amamantan mientras se deslizan bajo de la superficie del agua.

A newborn orca whale calf is bigger than a full-grown person. They nurse while they glide under the surface of the ocean.

¡También a nosotros
nos gusta amamantar!

We like to nurse too!